jeux de Bill

PAR

Roba

Dans la série "Boule et Bill", en version cartonnée :

1. 60 Gags de Boule et Bill
2. 60 Gags de Boule et Bill
3. 60 Gags de Boule et Bill
4. 60 Gags de Boule et Bill
5. 60 Gags de Boule et Bill
6. 60 Gags de Boule et Bill
7. Des gags de Boule et Bill
8. Papa, Maman, Boule et... moi
9. Une vie de chien !
10. Attention, chien marrant !
11. Jeux de Bill
12. Ce coquin de cocker
13. Carnet de Bill
14. Ras le Bill !
15. Bill, nom d'un chien !
16. Souvenirs de famille
17. Tu te rappelles, Bill ?
18. Bill est maboul
19. Globe-trotters
20. Strip-cocker
21. Billets de Bill

D. 1998/0089/119 — Dépôt légal : juillet 1998.
ISBN 2-8001-2749-X — ISSN 0771-8802.
© Dupuis, 1998, pour la présente édition.
Cet album, version brochée,
est également édité sous couverture cartonnée
dans la série "Boule et Bill", numéroté 11,
© Dupuis, 1975.
Tous droits réservés.
Imprimé en Belgique.

Retrouve tes héros préférés sur Internet : http://www.kidcomics.com/fr et http://www.dupuis-entertainment.com

TU PARLES D'UN SUJET DE RÉDACTION! "LES HOMMES ET LEUR MÉTIER"!... FAITES L'INTERVIEW D'UN MARIN!
OUAIS! ET OÙ TROUVER UN MARIN?

TIENS!... TON CHIEN! TU DIS TOUJOURS QU'IL A UN FLAIR TERRIBLE! IL POURRAIT NOUS TROUVER ÇA!... IL CONNAÎT BEAUCOUP MIEUX LE QUARTIER QUE NOUS!
C'EST VRAI, ÇA! DIS DONC, BILL!
SALUT!
WAF!

ALORS, UN MARIN?... HEIN? TU VAS NOUS DÉGOTER ÇA, NON? HEIN, BILL?
MINUTE, QUOI!!! UN MARIN, UN MARIN! C'EST PAS FACILE! OÙ EN AVAIS-JE DÉJÀ VU UN?
SNIF
SNIF
SNIF
SNIF

ÇA Y EST! IL A TROUVÉ, JE PARIE!
IL BLUFFE, OUI!!... S'IL PARVIENT À DÉNICHER UN MARIN, JE VEUX BIEN MANGER MA CASQUETTE!
AH? AAAH! JE SENS QUE ÇA ME REVIENT!
SNIF
SNIF
637A

TU NE CONNAIS PAS BILL!

QU'EST-CE QUE JE T'AVAIS DIT!?

BAR À BÂBORD
BAR À BÂBORD
BAR À BÂBORD
DRINKS COCKTAILS AMBIANCE
PARDON, M'SIEUR, CE SERAIT POUR UNE INTERVIEW!
SCRONCH
SCROTCH
CRUN
Roba
637B

PLAIES ET BOXES

HOP! HOP!... TA GARDE, BILL! HOP! HOP! JEU DE JAMBES!...
HÉLÀ! HÉLÀ!

... FEINTE DE CORPS! MA DROITE EST PARTIE! YAAAAH!
ÇA VA PAS, NON!?

DOUBLÉ DU DROIT ET TRIPLÉ DU GAUCHE! HOP! HOP!
IL EST FOU!

L'ADVERSAIRE SE RÉFUGIE DANS LES CORDES!... IL Y A DU "K.-O." DANS L'AIR!
FOU DANGEREUX!
638 A

CHÉRIE! JE VAIS AU JARDIN!... J'AI PROMIS AU PETIT DE FAIRE UN MATCH DE BOXE AVEC LUI!
DE LA BOXE!? VOUS NE POURRIEZ PAS TROUVER UN JEU MOINS DANGEREUX, NON?

BONG!
RAS LE BOULE!

ALORS, P'PA? TU VIENS?
?
REBONG!

ÇA DEVAIT ARRIVER AVEC VOS JEUX STUPIDES! QUANT À TOI, MONTE DANS TA CHAMBRE! ÇA T'APPRENDRA À FRAPPER AUSSI FORT!
MAIS, M'MAN, JE TE JURE QUE...
...9...10, OUT!
Roba
638 B.

LE DISCOBOULE

P'PA !... REGARDE CE QUE BILL A TROUVÉ ... C'EST UN ... UN... UN CHOSE... HEU ... QUE L'ON LANCE ...
GRRR ! WAFWAF !

MAIS OUI, UN DISQUE !... POUR LE LANCER DU DISQUE... QUELQUE ATHLÈTE À L'ENTRAÎNEMENT L'AURA PROBABLEMENT PERDU ICI.
GRRR !
TU SAIS LE LANCER, P'PA ?

JE PEUX TOUJOURS ESSAYER, J'ÉTAIS ASSEZ SPORTIF AUTREFOIS !

!?
WAOW ! DIIIS DONNC !
639 A

MINCE !... ON NE LE VOIT PLUS ! BEN, TOI, ALORS !!
JE RECONNAIS QUE C'EST PAS MAL ! JE DOIS AVOUER QUE J'EN SUIS TOUT ÉTONNÉ MOI-MÊME !

TU NE M'AVAIS PAS DIT QUE TU ÉTAIS SI TERRIBLE AU LANCER DU DISQUE, P'PA !
JE NE LE SAVAIS PAS NON PLUS !... MAIS ÇA M'OUVRE DES HORIZONS ! VIENS !

ALLO !... PASSEZ-MOI DONC LE PRÉSIDENT DE LA LIGUE INTERNATIONALE D'ATHLÉTISME, JE VOUS PRIE.
MAIS NON, IL N'EXAGÈRE PAS !... JE TE JURE, PAPA TIENT LE RECORD DU MONDE !
N'ONT RIEN COMPRIS !

CEPENDANT...
(1)
(2)
(1) TU VEUX MON AVIS, GALAX ? JE CROIS BIEN QUE JE NE METTRAI PLUS JAMAIS LES VENTOUSES SUR CETTE PLANÈTE !
(2) TU PARLES !... J'AI BIEN CRU QUE TOUT ÉTAIT FICHU AU DÉCOLLAGE !... DES TURBULENCES MAGNÉTIQUES, SANS DOUTE !
Roba 639 B.

CRIS DU CORPS

BRAÄRGRROIIIIK

TU AS ENTENDU ?
OUI !... COMME UN CRI ATROCE ET INHUMAIN ! J'EN SUIS TERRIFIÉE !

NE DESCENDS PAS, CHÉRI... SI C'ÉTAIT UN MONSTRE !... TÉLÉPHONE PLUTÔT À POLICE-SECOURS !
T... TU CROIS ?

KROUIIIIIIIII
OUI, TU AS RAISON !

A... ALLO ! P... POPOL !... POLICE-SECOURS !
640 A

...VENEZ VITE !... UN MONSTRE... ICI, CHEZ NOUS !... C'EST AFFR...
KROIIIINGR !
A-B
C D

PINPONPINPON
POLICE
POLICE
22

OÙ EST LE MONSTRE ?
PAR ICI, VITE, VITE ! LES CRIS REDOUBLENT !

GRROUIIIIIIKRAOW
VOILÀ, JE T'AI FAIT UN PETIT EN-CAS, COMME ÇA, TON VENTRE NE CRIERA PLUS !
640 B

HORREUR NE FAIT PAS COMPTE

DIS, CHÉRIE !
¡¡¡¡¡¡¡¡!!

TU POURRAIS AU MOINS PRÉVENIR QUE TU ARRIVES !... C'EST MALIN DE FAIRE PEUR AUX GENS COMME ÇA !
MAIS...

SURTOUT QUE JE LIS UN LIVRE ABSOLUMENT TERRIFIANT !... AVEC TOUT PLEIN DE SQUELETTES QUI SE METTENT À SORTIR DES PLACARDS SUR LE COUP DE MINUIT !

JE VOULAIS SIMPLEMENT TE DIRE QU'IL VAUDRAIT PEUT-ÊTRE MIEUX QUE JE T'INSTALLE LE PARASOL, PARCE QUE AVEC CE SOLEIL, C'EST... ENFIN JE...
ÇA VA, J'AI COMPRIS !
641A

HOULALÂÂ ! ÇA DOIT SE BOUSCULER À LA SORTIE DES PLACARDS !

¡¡¡¡¡¡¡!
BLONG
BLONG
BOM

ICI !
TU FAIS DU YOGA, M'MAN ?
ICI, ON NE FAIT RIEN QUE M'ENNUYER !
Roba
641B

CHENILLE DE CHENIL

...SE DÉGUISER EN CHENILLE POUR LE BAL DES PAPILLONS DE L'ÉCOLE, JE VEUX BIEN !...

... PRENDRE LA PLACE DU MILIEU, LA MOINS CONFORTABLE, JE VEUX BIEN !...

...PARCOURIR LES RUES, LES AVENUES, LES BOULEVARDS, LES CARREFOURS ET LES PASSAGES CLOUTÉS, BREF, TOUT LE QUARTIER, DÉGUISÉ COMME ÇA, JE VEUX BIEN !...

... ME DEMANDER COMMENT JE VAIS FAIRE POUR ATTEINDRE LE BUFFET AUX LIMONADES, JE VEUX BIEN !...
642A

... MAIS IL Y A TOUT DE MÊME UNE CHOSE QUE JE NE VEUX PAS !...

ÉCOUTE, POUF !... TU NE CROIS PAS QUE TU EXA...
LAISSE-MOI FINIR, SI J'OSE DIRE !...

... CAR MÊME UNE CHENILLE N'ACCEPTERAIT PAS DE S'ARRÊTER À CHAQUE RÉVERBÈRE !!
?!
Roba 642 B.

BIEN SÛR, PLUS TARD, TU CONDUIRAS AUSSI. CE QUI N'EMPÊCHE...

...QU'IL EST BON QUE TU APPRENNES, DÈS À PRÉSENT, CERTAINES RÈGLES QUI FONT LES BONS CONDUCTEURS.

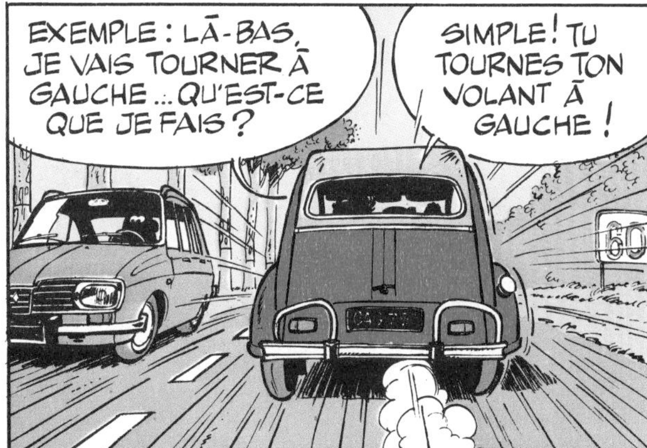
EXEMPLE : LÀ-BAS, JE VAIS TOURNER À GAUCHE ... QU'EST-CE QUE JE FAIS ?
SIMPLE ! TU TOURNES TON VOLANT À GAUCHE !

OUI, MAIS AVANT ÇA ?... MMH ?... QU'EST-CE QUE JE DOIS FAIRE AVANT ÇA ?
BEN...
643 A

JE DOIS FAIRE FONCTIONNER MON CLIGNOTANT GAUCHE POUR AVERTIR LES AUTRES AUTOMOBILISTES ! VOIIIILÀ !

BANG !

ALORS, QUOI ?!? VOUS N'AVEZ PAS VU MON CLIGNOTANT GAUCHE, NON ?!? ANIMAL !!
QUEL CLIGNOTANT ?!?... VOUS AVEZ MIS VOTRE FLÈCHE **À DROITE**, IDIOT !!
304
643 B

C'EST LE BOUQUET !

J'AI VRAIMENT PAS BEAUCOUP DE SOUS !
Floribel

DINGELING!
BONJOUR, PETIT ! QUE PUIS-JE POUR TOI ?

JE VOUDRAIS DES FLEURS POUR L'ANNIVERSAIRE DE MA MAMAN... MAIS J'AI QUE ÇA !
BRAVE PETIT !
C'EST PEU, EN EFFET, MAIS PEUT-ÊTRE QU'UNE JOLIE ROSE...
SNIF !

ALLONS, BILL ! NE PLEURE PAS, VOYONS !
?
WOUUUUUU
644A

TOUS LES ANS, C'EST PAREIL ! IL PLEURE PARCE QUE LUI AUSSI, IL VOUDRAIT TANT ACHETER DES FLEURS À MAMAN ! MAIS LES PETITS CHIENS N'ONT PAS DE SOUS, ET D'AILLEURS, ILS N'ONT PAS DE POCHES... ALORS IL PLEURE TRÈS, TRÈS FORT !...
SNIF !
SNIF !

..SI FORT, QUE PARFOIS ÇA DURE PENDANT DES JOURS, TELLEMENT IL EST TRISTE, TRISTE, TRISTE !!!!
B...BOUHOU !
WAOUUUUUUUU

MON DIEU !... C'EST VRAI QUE LES PETITS CHIENS ONT UN CŒUR COMME TOUT LE MONDE ! SNIF !

UN CŒUR GROS COMME ... COMME... ATTENDS !
WOUUUU

Floribel
TU NE CROIS PAS QU'ON A UN PEU POUSSÉ ?
Roba
644 B.

ATOUT CASSER

CARREAU!

HA! HA! HAAA! JE SAVAIS QUE TU ALLAIS JOUER CARREAU!
ET ATOUT! LE PLI EST POUR MOI!

À TOI. ET TÂCHE DE BIEN JOUER, TU ME DOIS DÉJÀ SOIXANTE HARICOTS!
PEUH!... JUSQU'À PRÉSENT, TU AS EU UNE VEINE INCROYABLE! MAIS C'EST FINI!

AS, ROI, ET DAME DE COEUR! AH! QU'EST-CE QUE TU DIS DE ÇA? HEIN?
645 A

JE DIS QUE TOUTE TA FAMILLE ROYALE, JE LA PRENDS AVEC MON AS D'ATOUT! ET CRAC!
OH, NON!

TU ES FICHU, MON VIEUX!... D'AILLEURS, TU N'AS PLUS QUE DU TRÈFLE!
COMMENT SAIS-TU ÇA?

BEN...
TOI, TU TRICHES! TU AS REGARDÉ MON JEU!!... OU, OU ALORS...

C'EST TON CHIEN QUI TE FAIT DES SIGNES!
MOI?
Roba
645 B.

C'EST ÇA LA (SUR)VIE !

VOUS CONNAISSEZ SA NOUVELLE MAROTTE ? JOUER À "L'OPÉRATION SURVIE" !... JE VOUS JURE !!

ÇA CONSISTE À SE DÉBROUILLER, MAL, AVEC N'IMPORTE QUOI !... JE VOUS DEMANDE UN PEU !... ET ÇA DURE COMME ÇA DEPUIS LE DÉBUT DE LA SEMAINE ! AUTANT VOUS DIRE QU'IL Y EN A RAS LE BILL !

TENEZ. IL VA FAIRE DU FEU... ET SAVEZ-VOUS CE QU'IL VA CUIRE ?... JE VOUS LE DONNE EN MILLE : DES ORTIES ! COMME JE VOUS LE DIS !

VOUS VOYEZ ?!
PRENDS-EN, C'EST DÉLICIEUX, DES ORTIES !
BLEÂH !
646A

BON. MAINTENANT QU'IL A MANGÉ, DEVINEZ CE QU'IL VA FAIRE !...

... LA VAISSELLE DANS LE RUISSEAU ! MAIS OUI !

ALORS, LÀ... JE LE DIS TOUT NET : LES "OPÉRATIONS SURVIE", MOI...
APPROCHE-TOI, BILL !

... J'EN AI PLUS QU'ASSEZ !!
MERCI.
Roba
646B.

MIGNONNE, ALLONS VOIR S'IL L'ARROSE

♫

ZUT ! C'EST VRAI, JE DOIS OUVRIR LE ROBINET.

HÉHÉ !

JE SUIS LE SERPENTAIRE ! L'ENNEMI JURÉ DES SERPENTS !...
GRRR !
...QUI FONCE SUR SA PROIE !
647A

AU DÉBUT, LE COMBAT EST TRÈS INÉGAL !... L'HORRIBLE REPTILE CHERCHE À ENSERRER SON ADVERSAIRE DANS SES MORTELS ANNEAUX !...

...MAIS L'AGILE SERPENTAIRE PARVIENT À SAISIR LA TÊTE DE L'IMMONDE CRÉATURE ET...

PSCHH !

KAIII
?

BILL ! MON TUYAU !
KAÏ !
KAÏ !
KAÏ !
SHHHHHH
SCHHHHHH
SPIROU
647B

JE VAIS FAIRE QUELQUES EMPLETTES, PENDANT CE TEMPS-LÀ, TOI, TU GARDES LA MAISON... D'ACCORD ?

JE COMPTE SUR TOI !
OUI, MADAME !

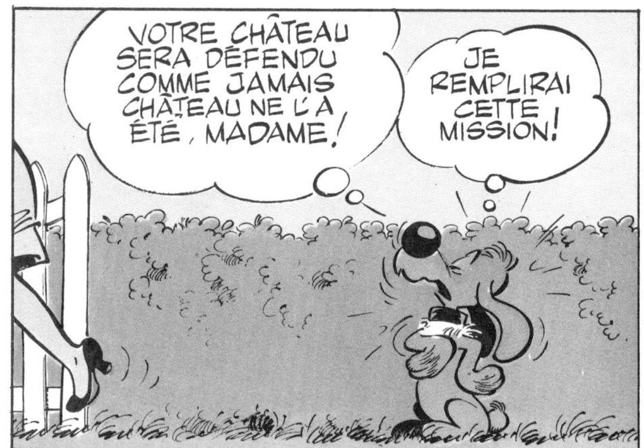
VOTRE CHÂTEAU SERA DÉFENDU COMME JAMAIS CHÂTEAU NE L'A ÉTÉ, MADAME !
JE REMPLIRAI CETTE MISSION !

VOUS N'AUREZ PAS L'ALSACE ET LA LORRAINE...
648A

...CAR MALGRÉ TOUT, NOUS RESTERONS FRANÇA...
!
UN ENNEMI EN VUE !!

HALTE-LÀ!
ON NE PASSE PAS!!
GRRR!

UNE HEURE PLUS TARD...
ALORS, MON CHÉRI, ON A BIEN DÉFENDU LA MAISON ?

OH, OUI ! TRÈS BIEN !
ÇA, ON PEUT LE DIRE !
?
ON VA MÊME VOUS DIRE DEUX MOTS !!

?!
648B

PALES AU NEZ

VOILAÃ!..
L'AILE EST BIEN
ATTACHÉE.

VOYONS..."MAINTENANT
PROCÉDEZ Ã LA FIXATION
DU NEZ MUNI DE SON
HÉLICE (FIG. 6)"

HÉ!...TOUCHE PAS
Ã ÇA!... TU VAS
EMMÊLER L'ÉLAS-
TIQUE, ET ON NE
POURRA PLUS
PLACER LE NEZ!

MAIS OÙ EST PASSÉ
CE NEZ, NOM D'UNE
PIPE ?!? IL ÉTAIT
CEPENDANT BIEN LÃ!
649A

PLUS RIEN DANS
LA BOÎTE!...BEN, ÇA!

Ã MOINS QU'IL
NE SOIT TOMBÉ PAR
TERRE... CHERCHE
DE TON CÔTÉ.
Y A
RIEN.

C'EST PAS CROYABLE!
JE L'AI ENCORE VU
IL N'Y A PAS SI
LONGTEMPS!
PLUS VITE
POUR LE
DÉCOLLAGE!
REDRESSE
LE NEZ!
DÉCOLLE-
RA, DÉ-
COLLERA
PAS?!
METS-
TOI DANS
LE VENT!
Roba
649B

EN GARDE !

ENFIN, QUOI ? TU NE VEUX PAS JOUER AUX MOUSQUETAIRES ?
NON.

J'AIME PAS L'ESCRIME ! JE PRÉFÈRE LE "FOOT" !
OH, BON ! ÇA VA !

QU'EST-CE QUE TU AS À RIGOLER COMME ÇA, TOI ?

HOLÀ ! MONSIEUR ! VOUS MOQUERIEZ-VOUS D'UN MOUSQUETAIRE ?!? IL VA VOUS EN CUIRE ! EN GARDE, MONSIEUR !
650 A

ZWIP

TOUCHÉ !

ATTENDS-MOI ! TU AS RAISON, VA ... ON VA JOUER AU "FOOT" !
?!
Roba
650 B

PAPA, C'EST QUOI, UN MAMMIFÈRE ?
?

UN MAMMIFÈRE ?... BEN, HEU... ON PEUT DIRE QUE C'EST LA CLASSE LA PLUS ÉLEVÉE DES ÊTRES VIVANTS... HEU... L'HOMME EST À RANGER PARMI LES MAMMIFÈRES. HEU... QUOI ENCORE? CE SONT DES VERTÉBRÉS ET... HUM! ILS SE CARACTÉRISENT PAR... HUM!... PAR...

...Y EN A PAS MAL QUI ONT UN NOMBRIL, LÀ! MAINTENANT LAISSE-MOI LIRE LE JOURNAL!
OUF!
AH! BON.

HÉHÉ! JE SUIS UN MAMMIFÈRE!
?
651 A

REGARDE SI TU AS UN NOMBRIL... SI OUI, TU FAIS PARTIE DE LA CLASSE LA PLUS ÉLEVÉE! C'EST PAPA QUI L'A DIT.
?

J'AI UN NOMBRI-LE ♪ ♪ J'AI UN NOMBRI-LE ♫ TRALALAA!

VOUS SAVEZ VOLER, MAIS... VOUS N'AVEZ PAS DE NOMBRIL!!
?
!
?
BILL

BOUHOUU!
ET TOC!
BILL
Roba 651 B

FUNAMBILL

C'EST ÇA, VAS-Y! AVANCE!

NON!... SUR LE FIL!

PAS COMME ÇA!
ZWIP!

MAIS QU'EST-CE QUE TU FABRIQUES?!!?
652A

AH, BRAVO!... C'EST RÉUSSI!

OH! ET PUIS... LAISSE TOMBER, VA!...
C'EST VRAI? JE PEUX?

... ET VIENS VOIR ICI, TOUT DE SUITE!
SHBLAM!
Y A DES JOURS, JE VOUS JURE!

INCAPABLE! REGARDE!... RINTINTIN LE FAIT, LUI!
Roba
652B

HOP!
JE "DRIBBLE"...

... JE M'INFILTRE
DANS LA DÉFENSE...

...ET JE TI...
?!

AH, NON!
653 A

ÇA VA PAS, DIS?
ÇA VA PAS ?!
QUOI?
QUOI?

T'AS VU TON BUT?
T'AS VU TON GARDIEN?

QU'EST-CE QU'IL A,
MON BUT ?!?... QU'EST-
CE QU'IL A, MON
GARDIEN ?!?
Roba
653 B

P'PA, C'EST QUOI, UNE SÉRÉNADE?
TCHIIP

BEN, C'EST CHANTER SOUS LA FENÊTRE D'UNE BELLE DAME POUR LUI DIRE QU'ELLE EST JOLIE...

...QU'ELLE A DE BEAUX YEUX, ETC... BREF, LUI RENDRE HOMMAGE, QUOI!
HÉ, MAIS!

... MAIS C'EST QUE C'EST PAS HUMAIN (1) DU TOUT, SON IDÉE!!...

(1) (BILL NE PEUT PAS DIRE BÊTE.)

654A

WOOUUUUUUU
WOUUUUOU

BLAF!

BLAF!
!?
Roba

654B

CYGNES D'ETANG

C'EST TOUT DE MÊME JOLI À VOIR, DES CYGNES GLISSANT SUR L'EAU... ET COMME ON AIMERAIT POUVOIR LES IMITER !
ET OUI, SURTOUT PAR CETTE CHALEUR !

À PROPOS D'IMITER, IL Y A BILL QUI LES REGARDE AVEC UN CURIEUX AIR D'ENVIE !
C'EST VRAI ? AÏEAÏEAÏE !

ÇA Y EST ! QU'EST-CE QUE JE DISAIS !?!
PLOUF !

BILL ! !! VIENS ICI !!
ELLE EST BONNE, HEIN ?
DÉLICIEUSE !
655A

HÉ BEN !... IL VA ÊTRE JOLI QUAND IL VA SORTIR DE LÀ !!
Y A PAS DE DOUTE, IL SE PREND POUR UN CYGNE !

TU PARLES D'UN CYGNE !!... TIENS, VOIS AVEC QUELLE ÉLÉGANCE CE GRACIEUX VOLATILE BAT DES AILES POUR SE SÉCHER EN SORTANT DE L'EAU !
BILL AUSSI SORT DE L'EAU.

OUI, MAIS LUI, IL VA SE SECOUER DE LA FAÇON LA PLUS RIDICULE QUI SOIT EN FRÉTILLANT BÊTEMENT DU...

DU QUOI ?
Roba
655B

FUGUE EN BILL MANGEUR

BILL!

BILL!

M'MAN! P'PA!

BILL A DISPARU!!
QUOI?

C'EST PAS POSSIBLE! ON VA LE TROUVER! BILL!
BILL!
OUIIN!
656 A

ET LE SOIR...
J'AI TÉLÉPHONÉ PARTOUT... RIEN! JE CRAINS LE PIRE, HÉLAS!
C'EST AFFREUX! MON PAUVRE TRÉSOR!
SNIF! ON NE LE REVERRA PLUS! SNIF!
MON BIIIIIIIIILL! OUIIN!

DIS, BILL, TU NE CROIS PAS...

... QU'IL SERAIT PEUT-ÊTRE TEMPS DE...
TU AS RAISON. JE CROIS QU'IL EST TEMPS QUE JE RÉAPPARAÎSSE!

BILL! TU ES LÀ!!
BILL!! MON CHIENCHIEN!
COU-COU!
BILL! MON VIEUX BILL!

BIEN SÛR, C'EST PAS UN COUP À REFAIRE TROP SOUVENT, MAIS ÇA LEUR FAIT TELLEMENT PLAISIR DE ME RETROUVER!
BURPS!
BILL
SUCRE
Roba
656 B.

TIENS BIEN LE CERF-VOLANT, HEIN !... JE VAIS ME METTRE À COURIR ... ÇA VA MARCHER, TU VAS VOIR !

J'Y VAIS !
ZUT ! MES BRETELLES !
CLAC !

CLONG !

HÉÉ !
657A

C'EST UN "V.T.O.L." ? (1)

NON ! C'EST UN OBJET NON-IRON-IDENTIFIÉ !... AVEC POCHES APPLIQUÉES ET COUTURES APPARENTES !

OH ! OUI. ÇA MARCHE BIEN !

Roba 657 B

(1) "VERTICAL-TAKE-OFF-LANDING."

BEN, QUOI?

?
658A

QU'EST-CE QUI LUI A PRIS DE FILER COMME ÇA?

ET CETTE FAÇON QU'IL A EUE DE ME REGARDER AVEC CET AIR BIZARRE!

JE SUIS CURIEUX DE SAVOIR CE Q...
OH, NON!?!

SI!
ON DEVRAIT INTERDIRE TOUS CES "WESTERNS" À LA TÉLÉ!
Roba
658B

DÉJEUNER!
VOILÀ!
LE DERNIER À TABLE EST UN ...!

STOP

MONTRE TES MAINS! HÉ BIEN, C'EST DU PROPRE!
BÊÊAK!

VA TE LES LAVER IMMÉDIATEMENT!... TU N'ES PAS HONTEUX DE VENIR À TABLE AVEC DES MAINS PAREILLES?!?
HAHAHA! C'EST BOULE QUI EST LE ...!
WAWA!
659 A

TOI, BILL, VA MANGER! TON DÉJEUNER EST PRÊT DANS LA CUISINE!
ON Y VA!

MINUTE!

MONTRE-TOI UN PEU!... NON! PAS LES PATTES!...

... LES OREILLES!
AÏEAÏEAÏE!

DÉ-GOÛ-TANTES! TU SAIS CE QUI TE RESTE À FAIRE! ALLEZ, HOP!

...!!
C'EST MOI QUI SERAI LE ...! POUR FINIR!
OUAH! OUAH
FROTCH FROTCH
Roba
659 B

TIENS! SALUT, BLACKY, ÇA VA?
BOF! COUCI, COUÇA!

HOULÂÂÂ!... DIS, DONC, ÇA VA PAS TRÈS FORT, TOI! T'AS DES ENNUIS?
MAIS NON, MÊME PAS!

NON, CE SERAIT PLUTÔT QUE JE ME SENS MAL DANS MA PEAU!... ET PUIS, TOUJOURS CE MÊME TRAIN-TRAIN!... ON FINIT PAR SE POSER DES QUESTIONS!
JE VOIS, DU GENRE QUI SOMMES-NOUS? D'OÙ VENONS-NOUS? OÙ ALLONS-NOUS?
UN COUP DE CHIEN, QUOI!

BON. DANS CES CAS-LÀ, Y A UN REMÈDE ÉPATANT QUE JE VOUDRAIS TE MONTRER, VIENS!
BAH! À QUOI BON?!?
VIENS, J'TE DIS! TU VERRAS!
660A

C'EST ICI!

MAINTENANT, REGARDE BIEN.
?

NOM D'UN HOMME DE NOM D'UN HOMME!!
ÉDIFIANT, NON?

'AUCH'!
'AUCH'!
'AUCH'!...'AUCH'!... SECTIOOOON...
VIVEMENT LA 'QUILLE'!
TU PARLES!

CHENIL MILITAIRE
1er CENTRE D'ENTRAINEMENT.
ENTRÉE INTER
ALORS, HEIN?
JE ME SENS DÉJÀ BEAUCOUP MIEUX! VIENS JE TE PAYE UN OS!
Roba
660

LA POUBELLE FILLE DU MONDE...

RUE ANDRÉ SANFRAPÉ

NON, BILL !
SNIF ?

DRÔLE D'ODEUR, DRÔLE DE TRUC !
SNIF ! SNIF !

BILL ! SAPRISTI ! QU'EST-CE QUE JE T'AI DIT ?!?

UN CHIEN BIEN ÉLEVÉ NE FARFOUILLE PAS DANS LES POUBELLES !... EST-CE QUE JE FARFOUILLE, MOI ?!?
LÂCHE ÇA !
661 A

ET DESCENDS DE LÀ TOUT DE SUITE !!
ÇA VA, ÇA VA !

RUE ANDRÉ SANFRAPÉ
TU N'AS PAS HONTE ? CHIFFONNIER, VA ! ALLEZ, ON RENTRE À LA MAISON !
N'EMPÊCHE, C'EST TOUT DE MÊME UN DRÔLE DE TRUC !

DRÔLE DE TRUC !

PLUS TARD ...
... LES EXPERTS, QUI EN ONT CONFIRMÉ L'AUTHENTICITÉ, SE PERDENT EN CONJECTURES SUR LA PROVENANCE DE CE REMBRANDT TROUVÉ DANS UNE POUBELLE DE LA RUE ANDRÉ SANFRAPÉ PAR UN CHIFFONNIER QUI A DÉCLARÉ QUE C'ÉTAIT GRÂCE À UN CHIEN, MANQUANT DE FLAIR, ON PEUT LE DIRE, QU'IL ...
CHÉRI !
C'EST MALIN, HEIN !?
BOUM
Roba
661 B

QU'AS-TU À LA PATTE?
CETTE QUESTION!! UNE ÉPINE! ÇA SE VOIT, NON ?!?

UNE ÉPINE, HEIN? C'EST ÇA?
MAIS NON! SI JE ME TIENS COMME ÇA, C'EST POUR IMITER LES FLAMANTS ROSES!

DONNE TA PATTE, JE VAIS TE L'ENL
!
NOON! ÇA VA ME FAIRE MAL!
GRR!

P'PAAA!

... ET IL NE VEUT PAS SE LAISSER FAIRE, DIS-TU?... BAH, TU N'AS PAS LA MANIÈRE, C'EST TOUT!
662 A

ET QUAND J'AURAI ENLEVÉ CETTE VILAINE ÉPINE, TU VAS VOIR COMME IL VA ÊTRE RECONNAISSANT! C'EST CE QUI EST ARRIVÉ À ANDROCLÈS.
ANDRO QUOI?
DONNE LA PAPATTE À PAPA.
GRRR!

ANDROCLÈS! C'ÉTAIT UN ESCLAVE ROMAIN QUI FUT LIVRÉ AUX FAUVES DANS UN CIRQUE...
MONTRE LA VILAINE PIPINE QUI FAIT BOBO À LA PAPATTE!
JE SENS QU'IL VA ME FAIRE MAL!

... IL A ÉTÉ ÉPARGNÉ PAR UN LION À QUI IL AVAIT ENLEVÉ UNE ÉPINE DE LA PATTE...
QUI C'EST LE GENTIL CHIENCHIEN QUI VA DONNER SA PAPATTE À PAPA?!
RACONTE, P'PA!

ALLONS, ALLONS, DONNE LA PAPATTE... PAPA VA FAIRE PARTIR LE MÉCHANT BOBO!...
P'PA, TU ME RACONTERAS, DIS?

LAÂÂÂ... TRÈS B...
GNAP!
AAAÏIE!

P'PA, RACONTE-MOI L'HISTOIRE D'ANDRO-CHOSE, DIS!
NAAN!
JE N'AI PLUS MAL! SI JE LUI MONTRAIS MA RECONNAISSANCE?
Roba
662 B.

ORANGE, Ô DESESPOIR...

ORANGEADE
AH, BEN, ZUT ALORS!! MAIS QU'EST-CE QU'ILS ONT TOUS?!?
C'ÉTAIT POURTANT UNE BONNE IDÉE DE VENDRE DE L'ORANGEADE POUR LA "FANCY-FAIR"!
5 FR LE VERRE

ON N'A MÊME PAS ENCORE VENDU UN SEUL VERRE!
DE LA BONNE ORANGEADE COMME ÇA! PUR SUCRE ET FRAÎCHE ET TOUT!
FR LE VERRE

QUAND JE PENSE QU'ON S'EST TAPÉ LE PRESSAGE DE TOUS CES KILOS D'ORANGES!
DES JAVAS, DES SUNNEKISSE, DES GOLDEN CHOSE...
5 FR LE

REGARDE LE STAND DE LA GROSSE LULU QUI VEND SES GALETTES: PLEIN DE MONDE! POURTANT TU CONNAIS LES GALETTES DE LA GROSSE LULU!
SI JE LES CONNAIS!!! BLÊAHH!
663A

C'EST COMME P'TIT LOUIS QUI VEND SES DESSINS!... NON, MAIS! REGARDE-MOI ÇA!
C'EST PAS CROYABLE! SON STAND EST BOURRÉ DE CLIENTS!
5 FR LE VERRE

TU NE VAS TOUT DE MÊME PAS ME DIRE!... TU AS DÉJÀ BIEN REGARDÉ LES DESSINS DE P'TIT LOUIS?
BLÊAHH!

QU'EST-CE QUE TU VEUX! LES GENS SONT COMME ÇA!
M'ENFIN, QUOI!? UNE BONNE ORANGEADE PAREILLE! ÇA DOIT SE VENDRE, NON?

LA QUALITÉ NE PAIE PLUS, MON VIEUX!
QUAND MÊME!... DE L'ORANGEADE, DE PREMIÈRE!
VOILÀ! ILS Y SONT TOUS! J'ADORE LES OS À L'ORANGE!
ORANGE GEADE
Rola 663 B.

AH! CES HUMAINS!

... ÇA NE TIENT PAS SUR LEURS PATTES...
664 A

... ET ÇA LÂCHE TOUT!

Rota
664 B

EN CHAIRE ET EN OS

TU AS PRÉPARÉ TA DISSERTATION POUR LE COURS DE SCIENCES NATURELLES?
AH! MON VIEUX, NE M'EN PARLE PAS! J'AI UN DE CES TRACS!

HÉ!... LAISSE TOMBER ET AMÈNE-TOI, C'EST POUR CE MATIN!
C'EST VRAI?

...OUI, CE MATIN!... ET DÉPÊCHE-TOI, SI TU NE VEUX PAS RATER ÇA!
NOM D'UN HOMME! JE VOUS SUIS!

SANS BLAGUE?! MAINTENANT? J'ARRIVE!
665A

SI! ON Y VA TOUS! VIENS, QUOI! CE SERA CHOUETTE!
HÉHÉ! J'EN SUIS!

ET PLUS TARD...
... HEU... ON PEUT DONC DIRE QUE L'OS EST AU CORPS CE QUE LA POUTRE EST AU GRENIER... ON DISTINGUE DES OS COURTS, DES OS PLATS ET DES OS LONGS... HEU... FORMÉ DE TISSUS OSSEUX... HEU... ENTOURÉ DU PÉRIOSTE... HEU... DANS LA CAVITÉ AXIALE... ON TROUVE DE LA MOELLE JAUNE... ET... ET...
POURSUIVEZ, POURSUIVEZ!
Roba
665B

TRICOT-TRICOT PAR CI...

AH, BEN, ÇA ! AH, BEN, ÇA !

ET LUI QUI NE SE DOUTE DE RIEN, COMME TOUJOURS !
?
HÉ ! HO !
WAF WO WAF !
666A

AH ! AH !... ENCORE UN QUI NE SAIT PAS !... TEL PÈRE, TEL FILS ! LA SURPRISE SERA TERRIBLE POUR LUI !
WAF WO WAF !
BEN, QU'EST-CE QUI TE PREND ?

AH ! VOILÀ DES COPAINS ! JE VAIS ENFIN POUVOIR APPRENDRE LA NOUVELLE À QUELQU'UN !
HÉ, LES GARS ! ON VA AVOIR UN BÉBÉ DANS LA MAISON !
NON ?!!

SI, LES GARS ! COMME JE VOUS LE DIS ! UN PETIT FRÈRE OU UNE PETITE SOEUR, QUOI !... ET IL Y AURA PLEIN DE DRAGÉES ! POUR MES COPAINS AUSSI, BIEN SÛR !
ÇA C'EST CHIC !

BILL !
AH ! ON M'APPELLE POUR M'ANNONCER LA NOUVELLE OF-FI-CI-EL-LE-MENT !... ATTENDEZ-MOI, LES GARS, JE REVIENS !

PEU APRÈS...
WAAAAAH ! C'EST UN BEAU GROS GARÇON !
IL VA POUVOIR TENIR LA DRAGÉE HAUTE ! HA ! HA ! HA !
ILS VONT RECEVOIR DES BAFFES, JE LE SENS !
Roba
666B

PUBILLCITE

... ET N'OUBLIEZ PAS... WOUFY, l'aliment sain, l'aliment chien! WOUF WOUF WOUFY!

WOUFY

WOUF WOUF WOUFY!
l'aliment sain l'aliment chien!
WOUFY

WOUFY
WOUF WOUF WOUFY! l'aliment sain, l'aliment chien!
667A

ILS M'ÉNERVENT AVEC LEURS "WOUFWOUF, WOUFY"!
WOUFY

C'EST BIEN LES HUMAINS ET LEUR SOCIÉTÉ DE CONSOMMATION!...
WOUFY

WOUFY
...AVEC TOUS LEURS PRODUITS PLEINS DE COLORANTS ET D'HORMONES!

MAIS NOUS, LES ANIMAUX, ON NE SE LAISSERA PAS FAIRE!... LES HORMONES NE PASSERONT PAS... ON N'EST PAS DES VEAUX!
MON VIEUX, MAMAN T'A PRÉPARÉ UN DE CES REPAS! C'EST DU ...
BILL

M'MAN!
CLONG!
WOUF WOUF! WOU-FY!
BILL
Roba
667B

FIN DE LA FAIM

DONC TU NE VEUX PAS MANGER? TRÈS BIEN!
NON!
BILL

PAPA! BILL REFAIT SON NUMÉRO!...IL NE VEUT ABSOLUMENT PAS MANGER!

IL COMMENCE À EXAGÉRER, CE COCO-LÀ!...
IL EST GRAND TEMPS DE LUI MONTRER QUE L'AUTORITÉ DU MAÎTRE, ÇA EXISTE!

MANGE, JE DIS! SINON...
...PLUS DE DESSERT!
...PLUS DE PROMENADES! PLUS DE T.V.!...
...ET TU FINIRAS À LA FOURRIÈRE!
M'EN FICHE! M'EN FICHE! M'EN FICHE!
BILL

JE COMPTE JUSQU'À TROIS! UN... D...
PAR-DON
?
BILL
668 A

MAIS?!? QU'EST-CE QUE TU FAIS?...JUSTE AU MOMENT OÙ J'ALLAIS FAIRE MONTRE D'AUTORITÉ!

À LA FIN!...VEUX-TU ME DIRE CE QUE...

UN EXCELLENT REPAS GRATUIT À TOUS LES CHIENS DU QUARTIER!...
?

...C'EST VALABLE POUR LES CHATS AUSSI!
KAII!

VOUS SEREZ TOUJOURS, VOUS, LE SEXE FORT, FORTEMENT EN RETARD DANS LE DOMAINE DE LA PLUS ÉLÉMENTAIRE PSYCHOLOGIE!
MIAM! SCRUNCH! MIOM SCHLOP!
TCHAOUF
CLONG CLONG
BILL
Roba
668 B
IDÉE: NITE.

JE SUIS BIEN CONTENT QU'ON SOIT DEVENUS COPAINS!
QUÉ, ON VA BIEN S'AMOUSER, NO?
CIRCUS

POUR SÛR!... PAS VRAI, BILL?

TU VOIS, MON CHIEN AUSSI TROUVE QUE C'EST DRÔLE-MENT CHOUETTE DE S'ÊTRE RENCONTRÉS!
C'EST OUNE COMIQUÉ, TON CHIEN!... IL N'ARRÊTE PAS DÉ RIGOLER, DIS!

ET MON PÈRE DONC, QUI VA ÊTRE CONTENT!... PAS VRAI, BILL?
C'EST AUSSI OUNE COMIQUE TON PAPA?
669 A

PAPA, JE TE PRÉSENTE VITTORIO. C'EST LE PETIT GARÇON DU CIRQUE QUI S'EST INSTALLÉ SUR LA PLACE, ET ON EST DEVENUS COPAINS ET BILL AUSSI, IL EST DEVENU COPAIN AVEC FANFAN. ALORS ON S'EST DIT QUE... MAIS PAPA!?! DIS QUELQUE CHOSE!
IL A OUNE TÊTE RIGOLOTE, MA QUÉ C'EST PAS OUNE BON COMIQUÉ, TON PAPA, **HÉ**!
Roba
669 B

ET MAINTENANT, ¿QUOI?... QU'EST-CE QU'IL EST DIT DANS TON BOUQUIN ?
"LE COMMANDANT ORIONAX SE TOURNA VERS LE LIEUTENANT GALAXIUS"...

...LA PEUR SE LISAIT DANS SON REGARD. AUTOUR D'EUX S'ÉTENDAIT LE GRAND DÉSERT VISQUEUX, BLEUÂTRE SOUS LE CIEL NOIR, AVEC SON ASTRE VERT QUI SEMBLAIT LES NARGUER...
BEN, MON VIEUX!

...DERRIÈRE EUX, LEUR ASTRONEF ACHEVAIT DE SE DISSOUDRE. DÈS CET INSTANT ILS SURENT QU'ILS NE REVIENDRAIENT JAMAIS DE LA PLANÈTE MAUDITE!
HÉ! HO!... ILS ONT UN CHIEN AVEC EUX DANS TON BOUQUIN?

C'EST VRAI, BILL, IL A RAISON! TU NE VOIS PAS UN CHIEN SUIVRE DES COSMONAUTES SUR LA PLANÈTE MAUDITE!!... ET PUIS, TU N'AS PAS DE SCAPHANDRE! RENTRE À LA MAISON!
670A

COSMONAUTES! PLANÈTE MAUDITE! SCAPHANDRE! JE TE LEUR EN FICHERAI, MOI...

...DES SCAPH...
!
CLONG!

BON. ET ALORS?
HEU..." SOUDAIN, UN BRUIT TERRIFIANT, ATROCE, LES FIGEA SUR PLACE!... LA "CHOSE", L'HORRIBLE "CHOSE" ARRIVAIT... ILS LE SENTAIENT"!...

BLANG!
KLONG!
KAiiiiiii!
BONG

WAAA!!

MWOUUWOUF MMWFFF!
Rola
670B.

ET POURTANT, ELLE TOURNE...

BILL !! TU ES FOU !!?
CONTINUE! CONTINUE!

FAIRE ÇA À CAROLINE! C'EST PAS UN JOUET, TOUT DE MÊME! GRANDE BRUTE!
ON N'EST PAS HEUREUX!

ET QUE JE T'Y REPRENNE ENCORE, TIENS!
T'EN FAIS PAS, VA! SITÔT QU'IL SERA PARTI...

BILL! MILLE MILLIONS DE... ARRÊTE!
COMME ÇA... OUIIIIIIII!
677 A.

QU'Y A-T-IL?
IL Y A QUE NOTRE CHIEN MARTYRISE CETTE PAUVRE CAROLINE!
MOI, MARTYRISER CAROLINE! CE QU'IL FAUT PAS ENTENDRE TOUT DE MÊME!
ON N'EST VRAIMENT JAMAIS HEUREUX!

ET NE T'AVISE SURTOUT PAS DE RECOMMENCER! COMPRIS?
C'EST DE LA CRUAUTÉ MENTALE ENVERS LES ANIMAUX!

ÉCOUTE, FIFILLE... PLUTÔT QUE D'ÊTRE CONSTAMMENT DÉRANGÉS, VOILÀ CE QUE NOUS ALLONS FAIRE : CETTE NUIT, QUAND LA MAISON DORMIRA... NOUS... BZZZ... BZZZ... BZZZ...

BAH! IL NE FAUT PAS LEUR EN VOULOIR!... COMMENT VEUX-TU QU'ILS COMPRENNENT QU'UNE TORTUE QUI A DES DÉMANGEAISONS NE PEUT PAS SE GRATTER? ÇA VA COMME ÇA?
PLUS HAUT! C'EST ÇA, C'EST ÇA!
Roba 677 B.

VAS-Y! VAS-Y! VAS-Y! VAS-Y!
FLAPFLAP FLAPFLAP FLAP
DONNE PLUS DE GOMME!

ÇA Y EST! TU DÉCOLLES!
FLAP FLAP FLAP FLAP FLAP
WOUPiiiE!

CONTINUE!... OREILLES À PLEIN RÉGIME!
VRRRRROARR
UN VRAI THUNDER-BILL!

ÇA VA COMME ÇA!... TU ES À 250 PIEDS!
POINTE TON NEZ SUR L'HORIZON ET GARDE TON CAP!
672 A

'TENTION! TU ES EN PERTE DE VITESSE!
REDRESSE!
FLOP FLOP FLOP FLOP

AAAÏE! LA POINTE DU CLOCHER!
FREINE!... SORS TES FLAPS!

OUF!
ÇA VA?
BONG!

SOUDAIN...
M'MAAN! P'PAA!
QU'EST-CE QUE JE FICHE ICI, MOI?
Roba
672 B.

A LA CASSEROLE

OUI... "À LA CASSEROLE D'OR"...SI TU VOULAIS Y PASSER EN REVENANT DU BUREAU... OUI, OUI, ILS SONT COMMANDÉS... SIX!...
TU ES UN AMOUR!

VRAIMENT, VOUS NE VOULEZ PAS UN EMBALLAGE?
NON, NON,... ÇA IRA. MA VOITURE N'EST PAS TRÈS LOIN.
DE WIND - VAN ACHTER
DÉMÉNAGEMENTS · TOUS PAYS

OH!
KAÏKAÏKAÏ
BLONG
CLONG

HOP!
673 A

MON PAUVRE TOUTOU!... QUEL EST LE ...!!

...QUI T'A FAIT... ?!

MONSTRE!... SACHEZ QUE NOUS SOMMES MEMBRES DE LA "S.P.A."!
JE NE SAIS PAS CE QUI ME RETIENT DE...
OUI! QU'EST-CE QUI NOUS RETIENT?
MAIS MAIS. MAIS...

PLUS TARD...
C'EST UNE FAÇON DE PORTER MES POÊLONS, ÇA? QU'EST-CE QUE LES GENS VONT DIRE?
673 B

MAIS S'IL NOUS VOIT, C'EST FICHU POUR LA SURPRISE!
PAS DE DANGER! QUAND IL N'A PAS ENCORE REÇU SES ÉTRENNES DE NOUVEL AN, IL BOUDE DANS SON COIN, EN IGNORANT TOUT LE MONDE!

ENCORE QUELQUES PLANCHETTES, DEUX OU TROIS PANCARTES, ET C'EST TERMINÉ!

TU VOIS, IL N'A PAS BOUGÉ D'UN POIL! ON PEUT TRAVAILLER EN TOUTE TRANQUILLITÉ!

PLUS TARD...
CE SERAIT MOCHE DE LE FAIRE LANGUIR PLUS LONGTEMPS!... IL EST TEMPS DE LE LUI DIRE!
674 A

BI-IILL! ON A UNE SURPRISE POUR TOI!
POUR MOI?... ÇA M'ÉTONNERAIT! PERSONNE NE PENSE JAMAIS À MOI, DANS CETTE MAISON!
TES ÉTRENNES, EN QUELQUE SORTE!

MES ÉTRENNES!!? C'EST PAS VRAI?!? OÙ ÇA? OÙ ÇA?
OÙ ÇA? OÙ ÇA? OÙ ÇA?
TCHAOUF!

BONNE ANNÉE, BILL!
SMACK!
VILLA MON RÊVE
PROPRIÉTÉ PRIVÉE
CHEZ BILL
ET S'IL LE VEUT, IL PEUT INVITER DES COPAINS!
Roba
674 B

SUIVEZ LES FLASHES

GRÂCE À CE NOUVEL OBJECTIF SPÉCIAL MONTÉ SUR UN FLEXIBLE ADAPTÉ À MON "POLAZOÏNG 2800 T.I.I. GXL SUPER" JE PEUX PHOTOGRAPHIER LES ANIMAUX DANS LEUR TERRIER.
SNIFSNIFSNIF

POUR CELA, JE COMPTE SUR LE FLAIR DE BILL POUR M'EN TROUVER UN ! PAS VRAI, BILL ? CHERCHE MON CHIEN, CHERCHE !
SNIF ! SNIF ! SNIF ! SNIF ! SNIF !

ÇA Y EST ! IL A TROUVÉ UN TERRIER ! UN BEAU !

TU ES SÛR QU'IL N'EST PAS VIDE AU MOINS ? BON, TIRE-TOI ET LAISSE-MOI OPÉRER !
675 A

TU VOIS, J'INTRODUIS L'OBJECTIF MUNI D'UN MINIFLASH ... LÀÂÂ ...

CLIC !
ET VOILÀ ! DANS 15 SECONDES J'AURAI LA PHOTO DU PETIT ANIMAL !
FLASH

MONTRE LA PHOTO, P'PA ! MONTRE !

675 B
Roba
IDÉE : VICTOR

QUE C'EST BEAU, LA MONTAGNE!
C'EST GRANDIOSE!
C'EST BLANC ET ÇA MANQUE D'OS!

DEVANT UN TEL SPECTACLE, JE NE PEUX M'EMPÊCHER DE SONGER AUX PREMIERS ÂGES DE L'HOMME... JE L'IMAGINE SORTANT D'UNE CAVERNE...

...COUVERT DE PEAUX DE BÊTES ET LUTTANT SEUL CONTRE UNE NATURE GLACIALE ET HOSTILE!
OUI, ET TOUT SEUL CONTRE DE GROS MAMMOUTHS!
PEUH! IL SE FAISAIT DÉJÀ AIDER PAR LES CHIENS!

TU AS RAISON!... C'EST QU'IL Y EN AVAIT DES MAMMOUTHS À CETTE ÉPOQUE-LÀ! HOULALÃÃ!
DES MAMMOUTHS!
676A

MAISALORSMAISALORS?!? S'IL Y AVAIT DES MAMMOUTHS ET DES CHIENS... ET SI CES CHIENS ONT FAIT CE QUE FONT TOUS LES CHIENS?!?
?

M'MAN! P'PA! REGARDEZ!

ET PLUS TARD...
D'ACCORD, ON VA SE FAIRE REMARQUER À LA PENSION... MAIS C'EST TOUT DE MÊME MIEUX QUE DE RAMENER LA SEMPITERNELLE CLOCHE DE VACHE!
Rob
Robev
676B

LE SON DU COR

CHIC ! ON VA ASSISTER À UN CONCERT DE COR ALPESTRE !
AÏE !

TU IMAGINES LE SOUFFLE QU'IL FAUT ?!?
FAUT ÊTRE GONFLÉ POUR SOUFFLER LÀ-DEDANS !
AÏE AÏEAÏE !
MMMF !

AH, ÇA ! POUR SOUFFLER, IL SOUFFLE !
PFFPRRRRF !
IL SOUFFLE ET IL SOUFFRE !

IL FAIT PLUS DE VENT QUE DE MUSIQUE AVEC SON INSTRUMENT.
PFRRRRRFF
C'EST UN INSTRUMENT À VENT DE FORCE 7 !
AÏEAÏE AÏEAÏEAÏE AÏEAÏE !...

!!
MMMPPFFF

MOUAIS ! IL FERAIT MIEUX D'APPELER LE PLOMBIER !
J'AIME PAS LE SON DU COR !
MAIS QU'IL S'ARRÊTE ! QU'IL S'ARRÊTE !

?!!?
J'AURAIS DÛ M'EN DOUTER QUE C'ÉTAIT PAS UNE BONNE CACHETTE !
?
POOÔÔNN

SNIF!

BOULE! QUE FAIS-TU LÀ, PETIT MALHEUREUX !!?

MAIS ENFIN! TE RENDS-TU COMPTE DE TON IMPRU-DENCE?!? DIS!!

SAIS-TU QU'EN MONTAGNE LA MOINDRE BOULE DE NEIGE LANCÉE SUR UNE PENTE PEUT PROVOQUER ...
678 A

... UNE AVALANCHE ...

?!

678 B

SLALOM TRES SPECIAL

WSSSSHHH
9

CLONG!
9

WSSSHH
4

CLONG!
!!
679A

WSSSSHHH

CLONG!

!! MON OS! VOUS NE POUVEZ PAS REGARDER OÙ VOUS METTEZ VOS GRANDES LATTES? SAUVAGES!
ARRIVE
Roba
679 B

HALÄLÄÄ! QUELLE PURÉE DE POIS!

ON NE VOIT PAS À DEUX PAS! 'S'AGIT DE BIEN OUVRIR L'... OUCH!

MAIS SAPRISTI! FAIS DONC ATTENTION!
BLONG!

HÔLÀ! 'Y A UNE MARCHE!
680 B

OUPS! PARDON!

C'EST MALIN DE S'ASSEOIR PAR TERRE DANS LE BROUILL AÏE!

OUF! NOUS ARRIVONS CHEZ NOUS!
EN TOUT CAS, BILL NE S'EST PAS COGNÉ UNE SEULE FOIS, LUI!

AH! MON FLAIR ME DIT QUE NOUS SOMMES ARRIVÉS! QUELQU'UN SERAIT-IL ASSEZ AIMABLE DE ME LE CONFIRMER?
C'EST À SE DEMANDER COMMENT IL...
?!
680 B

PRINTED IN BELGIUM BY
proost
INTERNATIONAL BOOK PRODUCTION